Dibuxu: Ricardo Escobar Espiniella.
Textu: Nicolás Bartolomé Pérez.
Maquetación: Mª Teresa García Montes.

Depósitu legal: LE 398-2024
ISBN: 978-84-10057-67-8

Edita: Eolas Ediciones.
Primer edición. Impresu n'España. Reservaos tódolos dereitos.

Un llibru de l'Asociación Cultural Faceira.
Colección ARCU LA VIEYA. Literatura intantil y moza.
www.faceira.org

Arcu la Vieya

Antoloxía de tradición oral llionesa pa nenas y nenos de güei

Ricardo Escobar Espiniella

Nicolás Bartolomé Pérez

A Martín y Olaya, que falan la llengua de casa.

Nicolás Bartolomé

A los sous padres, Tere y Ricardo, por enseña-yla.

Ricardo Escobar

Índice

Introducción

La literatura oral foi un elementu importante na vida de los nuesos antepasaos. En tierras llionesas cásique nun había llabor, momentu del añu ou situación vital que nun estuviera asociada a dalguna composición tradicional cantada, contada ou recitada. Los distintos trabayos del campu, los bailles, las rondas y cortexos de los mozos ou los viaxes de los arrieiros y pastores tenían cantares propios d'acompañamientu. Nas frías nueites del outoñu y del iviernu, las xuntanzas de muyeres pa filar al calor del llume del llar —los míticos filandones y seranos— yeran l'escenariu pa entonar romances antiguos y pa narrar cuentos de toda condición. Los montes, las fuentes y las cuevas de la contorna de cada llugar estaban habitaos por seres fabulosos de los que daban cuenta vieyas liendas. Las fórmulas máxicas y las oraciones esconxuraban los males visibles y los invisibles. La sabiduría condensábase en milenta refranes, y los nenos deprendían a falar al son de rimas y cousillinas.

Nesti llibru oufrecemos una pequeña antoloxía d'esi formosu mundu de palabras que nos dioron las xeneraciones del pasáu y que güei está a piques de desaparecer, cumo desapareцíu yá la sociedá rural onde esta tradición oral vivíu y sirvíu de vehículu d'expresión del amor, de la felicidá, de la tristura y del misteriu. Los textos populares orales compilaos representan distintos xéneros que crasificamos d'una manera senciella dando exemplos de cadagunu d'ellos en diferentes variedades comarcales de la llengua llionesa.

Que los ecos de las vidas de las xeneraciones d'antaño sigan viviendo nas voces nuevas de las xentes d'anguaño.

1. Cuentos

El cuentu popular ye un relatu oral ficticiu. Hai trés grandes grupos de cuentos: los d'animales, nos que llobos, vacas, raposas, cordeiros y outros animales selvaxes y domésticos son los protagonistas. Tamién tenemos los cuentos maravillosos y d'encantamientu, onde la presencia d'elementos fantásticos ye la nota fundamental. Por últimu, los cuentos de costumes nun tienen los rasgos que definen los relatos de los apartaos anteriores, la sua trama suel ser más senciella y los sous personaxes suelen representar estereotipos sociales.

La raposa ya'l ḷḷobu

COMARCA: Ḷḷaciana

COMPILADOR:
Eduardo Martínez Torner

Una vez yera una raposa que se chamaba Maruxa ya un ḷḷobu que se chamaba Xuan, ya casánonse. Salienon pol monte ya matanon un cordeiru. Xuan quería comelu, pero Maruxa, qu'estaba preñada, díxo-ḷḷy que yera mechor deixalu pal día del boutizu, ya Xuan díxo-ḷḷy que bueno.

Al outru día Maruxa díxo-ḷḷy que tenía que ir a un boutizu ya marchóu a comer el cordeiru. A la nueite, cuando volvíu Xuan pregun- tóu-ḷḷy cumo se chamaba'l nenu ya díxo-ḷḷy que Empecéilu. Yera que comenzara a comer el cordeiru. Al outru día igual, ya al volver díxo-ḷḷy que'l nenu se chamaba Demediéilu. Yera que lu deme- diara. Ya'l outru día igual, ya dixo que se chamaba Acabéilu. Yera que lu acabara.

Paríu Maruxa, ya Xuan foi a buscar el cordeiru, pero faltaba ya volvíu pa casa mui enfadáu riñendo con Maruxa. Eḷḷa díxo-ḷḷy qu'el͎la nun fora, que fora él, ya si non, pa desengañase, propunxo que se tumbaran a durmire los dous ya al que-l͎ly sudaran las narices primeiru que yera'l que lu comiera. Tumbánonse ya cumo Xuan se durmíu ensiguida, Maruxa meixóu-l͎ly polas narices ya chamóulu, ya claro, él cumo nun tenía memoria nenguna tuvo que aguantase cona culpa.

El cuentu del ti Pamparanfueḷḷes

COMARCA: Babia

COMPILADOR: Paulino Rodríguez

Voi contavos el cuentu
del ti Pamparanfueḷḷes,
conas bragas azules
ya las calzas al revés.
¿Queréis que vos lu cuente outra vez?

El llobu
y la cabrina

COMARCA: Maragatos

COMPILADOR: Santiago Alonso Garrote

Lecio pistola badana,

cabra cueya nun yía sana,

cabra mocha nun tien cuernos,

cabra ciega nun tien ueyos.

Estando una cabrina perdida encimba una peña, víula un llobu y falóu-ye d'este modu:

— ¿Qué faces ende, cabrina, que nun baxas pal ríu a beberi agua clara y a paceri yerba fresca?

— You bien baxara d'esta peñina, porque tiengo fame y sede, si ficieras xuru de nun cumeri las mias carnes.

Contestóu-ye'l llobu:

— Las tuas carnes están sagradas pola oración de San Antoniu, y, amás, fago xuru de nun tucari los tous musquines.

Baxóu la cabrina confiada, y tan prontu saltóu de la peñina embaxo, agarróula'l llobu por una pata, cravándo-ye los dientes nel pilleyu.

— ¡Ai, coitada de mí! —ximíu la cabrina, diciendo al llobu:

— Sos un fullón, que nun cumpres el xuru.

A lo que respondíu'l llobu, sin sultari la pata:

— Si lo xuréi y votéi, confesaréilu, que cuando hai fame nun hai remediu.

Al outru día pola mañanica vinieron unos pastores con unos palancones y alcontroron los andrayos y la encornadura.

El pastor y el mes de febreiru

COMARCA: La Cepeda

COMPILADOR: Wenceslao Bardón Fernández

—Yá te vas febreiru
y you eiquí me quedo
con un rebañu enteiru.

—¡A, pícaru bribón!
¿On te quedas alabando?
Con dous díes que tengo you,
y outros que m'empreste marzu
has quedar ensin ugüeyas,
las cencerras na manu,
y al llombu colas pelleyas.

Tan solo-ye quedóu un cordeiru,
y p'añuesgalu al outru día,
recuílu embaxu un caldeiru,
y quedó-ye'l rabu fuera,
y al ver cumo s'amovía
estripóulu con un pía,
y ñegáu pola faena
falóu-ye d'esta manera:
—Brinca, rebinca rabón,
que las outras muertas son.

2. Refranes

Un refrán ye una frase sentenciosa curtia, a veces rimada, de fácil memorización y que transmite una enseñanza ou un conocimientu. Los refraneiros son auténticos compendios de sabiduría popular sintetizada.

- L̦labor feitu, bien parez.
- El día de las Candelas, a medios pachares, a medias paneras ya las gabiteras, enteras.
- Mientras el xatu crez, la casa perez.
- Hasta San Andrés iréis, iréis d'illí p'alantre, vós lu veréis.
- Se ñeva en diciembre y xeñeiru, agranda l'arca y el payeiru.
- En marzu, atropan el murgazu; abril, güeveril; mayu, paxarayu; en sanxuán volarán, na yerba cantarán; ya por santamarina, el paxarín ya la paxarina.
- De nenu, rei; de mozu, militar; de casáu, rocín; ya de viechu, can.
- Nunca falta una xostra pa un galocheiru.
- Santa Brígida y San Tormenteiru, el primer día de febreiru
- Xeñeiru xela l'augua del pucheiru.
- En febreiru, ratu al sol, ratu al braseiru.
- Pa febreiru ten lleña no lleñeiru.
- Febreiricu, febreiruelu, saca las damas al Eiruelu. Si ves terregar, ponte a chorar, si ves verdegar ponte a cantar.
- El trabayu del rapá yía poucu, y el que lu pierde yía un tolu.
- Arca pechada con chave, lo que tien naide sabe.

- Se quieres chegar a vieyu, guarda aceite no pilleyu.

- Pouco gana'l que fila, y menos el que mira.

- Si te pica una culuebra, busca melecina buena; si te pica la saca-bera, nun duras la salve entera; ya si te pica un escorpión, busca pala ya azadón.

- Chena más el güechu que'l butieḷḷu.

- El buéi viechu, asuca l'eiru.

- En febreiru, deixa la fuente ya cueche'l regueiru.

- Dios ya'l cuitu pueden muitu, pero sobre todu'l cuitu.

- Las mozas de Losacio son mui discretas, dicen pratu y prata y cordón d'igresia.

- El que nun diga ḷḷeite, ḷḷinu, ḷḷume, ḷḷana, que nun diga que yía de Ḷḷaciana.

- En Trueitiellas, mueitos varales, poucas morciellas.

- Semos de Llión a un llau.

3. Liendas

Las liendas de tradición oral asomeyánse a los cuentos pola sua condición de narraciones populares, pero las liendas cuentan acontecimientos consideraos reales en dalguna midida, y suelen tener una localización xeográfica ou temporal precisa frente al carácter más indefiníu de los cuentos. A traviés d'estas historias fantásticas antaño trataban d'explicase cousas cumo la formación d'elementos del paisaxe ou dalgunos fenómenos atmosféricos.

La Virxen ya'l xardón

COMARCA: Altu Sil
COMPILADOR: Severiano Álvarez

Los árboles de xardón son sagraos porque cuando la Virxen yiba cono Nenu, guardábase entre las plantas pa que los homes malos qu'andaban detrás d'el̶l̶a pa quitá-l̶l̶ylu nun la alcontraran. Por eso deixóu sua burriquina las ferraduras marcadas nos palos xóvenes del xardón embaxu la forga. Cuando you foi nenu pequenu, cona l̶l̶egra raspaba dalgún palín ya dicíanme:

—Estos dibuxos curvaos —que yía verdá que los tinía— son las patadinas de la burrica de la Virxen. D'esta manera, l̶l̶ibróuse de que la pil̶l̶aran.

La lienda del llagu de Senabria

COMARCA: Senabria (Zamora)
COMPILADOR: Luis Cortés Vázquez

Yera una villa que chamaban Villalverde, y vino Jesucristu pidendo llimosna. Y chegóu a un fornu, y andaban cucendo pan na isla. Dixéron-le que nun tenían pan, y que-le echarían un bullicu al fornu pa que se cuciera. Y al sacarlu nun lu pudieron sacare de lo mueito qu'había crecíu.

Y ficiéron-le outru bollicu más pequeiñu, y crecéu más qu'el primeiru y tampouco lu pudieron sacare. Hasta qu'al final ficiéron-le unu grande y yá saliéu bien.

Dispués, al retirarse él de pedir la llimosna d'allí, mandóu salir al personal del puebru, y llevaba un bastón na manu y dixo:

> *Aquí finco mi bastón*
> *que nazca un gargallón*
> *Aquí finco mi espada*
> *que nazca un gargallón de agua.*

Y fuei cuando apareciéu l'augua y el llagu y solo quedóu la isla, que fuei donde estaba'l fornu.

4. Cantares

Los cantares tradicionales son una formosa combinación de poesía y música, que siempre s'entonaban en bailles, fiestas y filandones. Nas canciones que cantoron los nuesos buelos al son de pandeiros, chifros, gaitas y outros instrumentos musicales, vemos refrexaos los sentimientos, las costumes y las vivencias de la xente llionesa de los tiempos antiguos.

Pastoril

San Juanico, San Juanico,
¡cuando acabas de venir!
Soi pastor y guardo ugüeyas;
tiengo ganas de saliri.
Adiós, ugüeyas del alma,
cordeiros del alma miya;
Dios vos traya outru pastor
que vos dea meyor guarida,
que vos llieve monte abaxu,
que vos traya monte arriba,
a ruyier de la carqueixa
y a beber del agua fría,
a ruyier la urz albar
que vos lliene la barriga.

D'amor

Cumo l̦lume de cepos
son tues palabras,
que primeiru chispean
qu'arda la chama.

De ronda

Esta nueite rondo you,
ponte nena a la ventana,
que pa la nueite que vien
ronde quien-l̦ly dea la gana.

De boda

La novia que casa güei
de sobra la conocemos
con suas muitas virtudes
vei criar bien los sous nenos.

D'antroidu y del ciclu ivernal

¡Oh rapazas! ¡ Oh muyieres!
¿Por qué sodes perezosas?
¿Nun vedes qu'aquestas ñieves
trayen fugazas y tortas?
Delantre estos asadores
que respetoron las fieras
nun temades en culgari
llardu, butiellu y murciellas.
Prepará los aguinaldos
mas que sean de regiellas,
y nosoutros vos daremos
cagayas pa las mundiellas.
Las cabras y las ugüeyas
vos darán, si lo facéis,
muchos cabritos y años
qu'han de nacer todos reis.
• • •

40

Aiquí estamos los rapaces,
venimos a visitalos;
y cumo nun son días
dámos-l̦lys las buenas tardes.

A la siñora de casa
decimos con atención:
cuecha'l cuchiel̦lu na manu
ya diríxase al xamón.

Denos güevos ya turrenos,
nun se-l̦ly olvide'l xamón
ya dineiru pa vinu
ya faremos una función.

D'esas gal̦linas pedresas,
que tien pol corral,
tantos güevos cumo ponen,
sáquenos mediu cuartal.

De baille

La foguera de San Juan
you fui la que la brinquéi;
queméi la cinta del pelu
y eso fui lu que ganéi.

• • •

Nun me rondes, nun me rondes
que nun quiero ser rondada,
soi ficha de padres probes,
nun quiero ser mermurada.

Viva'l baiḷḷe, viva'l baiḷḷe,
vivan los qu'están baiḷḷando,
viva'l galán de mia vida
que baiḷḷa no tercer rangu.

Las estreḷḷas cuerren, cuerren,
you nun deixo de correr,
onde me cuecha la nueite
aḷḷí quiero alborecer

• • •

La miá rapaza Iluteria
cuando confiesa na igresia,
siempre diz que-ye díu'l cura
dous credos de penitencia.

De llugar

Cuatro ḷḷobos que baxanon
pol vaḷḷe de Ḷḷaciana
fuenon diciendo a Somiedu
ḷḷeite, ḷḷinu, ḷḷume, ḷḷana.

5. Romances

L'orixe de los romances alcuéntrase n'antiguos poemas épicos medievales que cono tiempu se simplificoron pasando a facer parte del patrimoniu oral del puebru. Los romances recitábanse ou cantábanse en versu, casi siempre octosílabu, a veces con un senciellu acompañamientu musical.

El penitente

Allí arriba n'alta sierra,   alta sierra montesía,

2   onde cai la nieve a copos   ya l'agua fina ya fría,

habitaba un armitañu   que vida santa facía.

4   Por allí viniera un home,   d'esta manera decía:

-Por Dios te pido armitañu,   por Dios ya Santa María

6   que me digas la verdá   ya me niegues la mentira:

Home qu'ande con mucheres,   si tien l'alma perdida.

8   -Nun la tien perdida, non,   nun siendo cuñada o prima.

-¡Ai de mi! Probe cuitadu,   que la mía yía perdida;

10   primeiro gocéi cuñada   ya dispués gocéi una prima;

confiésame, armitañu,   que Dios te lo pagaría.

12   -Confesar, confesaréite,   asolvete nun pudía:

echaraste nuna cama   con una culuebra viva.

14   La culuebra era sirpiente   que siete bocas tinía,

Cona más pequena d'ellas   era cona que mordía.

16 L'armitañu era leal   ya ver al penitente diba.

-¿Cúmo-l̯ly va al penitente   con sua mala compañía?

18 -La compañía era buena   sigún you la merecía;

comíume de mediu abaxu,   cómeme del mediu arriba,

20 si me quieres ver murir,   trai una vela encendida.

Por apriesa qu'anduviera,   el penitente muría.

22 Las campaniel̯las del cielu   tucábanse d'alegría.

¡Dichosu del penitente   que pa los cielos camina!

24 ¡Válame nuesa Señora,   tamién la Virxen María!

La lloba parda

Estando you na mia choza   llabrando la mia cayada,

2   vide venir tres llobinos   cabe los praos de la chana.

Yá van rastreando mui quedos   por una escura cañada

4   tongada de piornos prietos,   polas llindes de la braña.

Escurque andaban en suertes   quien rondara la cabaña,

6   cuadróu en turnu a una llobina   bien apuesta y encarada,

mui ducha n'aquestas lides   y n'outras artes varias,

8   y que tenía unos canelos   cumo filos de navayas.

Mal barruntan mias oveyas,   nun paran ena mayada

10   y alrudor de las canciellas   dan patadas d'esconfianza.

Tres vueltas dióu a la rede,   nun s'apañóu a catar nada.

12   A la outra afanóu   una vaciyina branca,

fiya de la oveya Churra   nieta de la Coronada.

14   Guardábanla los mieus amos   pa las fiestas de la Pascua.

¡Zurra, mieu perru Mastín,   eina tente, Guardiana!

16   ¡Acude, Lebrero eiquí,   y arimái bien las carrancas!

Si cobrades la borrega tenerés,   cena dobrada,

18   y si nun me la cobrades,   tendrésla cola cayada.

Mieus guardianes tras la lloba,   con gran furia la acuciaban.

20   Yá la escosoron las fuercias,   y al saltare unas barrancas,

qu'abondan n'aqueillos tesos,   apeóu nunas toparras

22   y fuei a quebrar sous güesos   nel fondón d'una fondada.

—¡Por fin cayiste, cazcarria!   Nun amañés vuestras andanzas,

24   nin vengás mentando cuitas   d'aquesta naide t'ampara.

       —¡Vele ende tenés la oveya,   tan sana conforme estaba!,

26   que nos casos de tal guisa,   caicuando se me terciaban,

       enxamás me vi ¡voto a tal!   n'ocasión tan apurada,

28   por aciu d'esa fulleca   enteca y encanixada.

       —Nun queremos la borrega   de tua boca babosada,

30   que queremos tua pilleya   pa facere una zamarra,

       tou pelu p'aguyetas   pa las trinchas de las bragas,

32   el ḥopu pa un abanicu   que ye cousa d'elegancia,

       y tuas tripas pa vihuelas   pa distraer a las damas.

34   Al oyire esta sentencia   yá nun gutíu ni palabra.

6. Fórmulas máxicas y oraciones

Las fórmulas máxicas —los esconxuros ou los ensalmos, por exemplu— son invocaciones que buscan llograr d'una fuercia de la Naturaleza ou d'un personaxe sobrenatural un favor pa beneficiar ou pa perxudicar a dalguién. Las oraciones son discursos formales y reverenciales que se dirixen a un personaxe sagráu pa obtener un don ou un favor.

Esconxuros contra la ñubrina

Escampa, ciercín, escampa,
qu'están los llobos na llampa,
comiendo la oveya negra,
y rescampiando pela blanca.

. . .

Marcha, ñubrina, marcha
de montes y vallinas
qu'illilantre ven Tíu Xancu
con sou caballu brancu
y sua muyier barbuda
pon un pía nuna piedra
y brinca pal altu la sierra.

Ensalmu contra las gafuras del augua

Por aiquí pasóu Dios,

por aiquí la Virxen,

si esta agua tien venenu

que lu quiten,

ya si non que lu agomite.

Esconxuru contra los llobos

Llobos qu'andáis pol mundu

cona boca rasgada

y el rabu tendíu,

mirái pol res que s'afalla

pol monte perdíu.

Padrenuesu pequeñín

Padrenuesu pequeñín,

mostráinos buen caminín,

caminu de salvación,

mieus pecaos muchos son,

nun los puedo confesar

nin en Cuaresma nin en Carnal,

besaréi la santa tierra

pa que mia alma nun se pierda

faréi la cruz na frente

pa que'l diablu nun me tiente

nin de nueche nin de día,

nin na hora de la muerte.

Ave María

Ave, María, chena sodes de gracia,
O Siñor yía con vós,
bendita sodes entre as muyeres
bendito yía o fruito
do vuoso ventre, Xasús.
Santa María, mai de Dieus,
Roga por nós pecadores
Agora y na hora da nuosa muorte,
Amén, Xuasús.

7. Cousillinas

Las cousillinas son composiciones populares curtias onde se mecen poesía popular y prueba d'inxeniu. Consisten nun textu enigmáticu qu'hai que resolver basándose nas pistas que contién el propiu mensaxe.

Llargu, llargu

cumo una soga,

tien los dientes

cumo una lloba.

[La bardia]

Detrás de la puerta vilu faer,

sacar ya meter

dar la barriga

nun yía picardía.

[El telar ya la texedora texendo]

Enas igresias estói
entre ferranchos metida,
cuando allende, cuando aquende,
cuando muerta, cuando viva.

[*La llámpara*]

Una viecha con un diente,
chama a tola xente.

[*La campana*]

Tienen dúas patinas
abondo pequeninas,
rebincan no parreiru
ya afuracan el cuiteiru.

[La pita]

8. Rimas infantiles

Las rimas infantiles, los cantares de briezu, las retafilas, los diálogos pa iniciar los xuegos, las canciones de corru ou de pelota, foron y tovía son una formosa manera d'iniciar a los más nenos na literatura, na música y na mesma vida.

Diálogu infantil
pa xugar a la pita ciega

- Pita ciega rumendona, ¿qué comiste?

- Patu asáu.

- ¿Guárdesteme algo?

- Sí.

- ¿Ónde lu guardeste?

- Nuna furaquina.

- ¿Con qué lu tapeste?

- Con una pachina.

- ¡Pos váite a buscalu!

Los deos de la manu

El pequeñín,
l'hermanín,
el rei de todos,
el furabollos,
y el mata pulgas y pioyos.

Xaxa ou cantar de briezu

Mieu rosu del alma
mieu piquirrichín,
durmécete a escape
pos sos nenín.

Xáxate guapu,
rosu cardosu,
arquieirín
que si te durmeces
dóite un galanín.

Bibliografía

- ALONSO GARROTE, Santiago (1947). *El dialecto vulgar leonés hablado en Maragatería y tierra de Astorga: notas gramaticales y vocabulario.* Madrid, Instituto Antonio de Nebrija (2ª ed. aumentada).

- ALVARADO, Juan (2014). *Cousitsinas. Adivinanzas.* [Ed. Eduardo Carbajo]. Villablino, Asociación Club Xeitu.

- ÁLVAREZ, Guzmán (1947). *El habla de Babia y Laciana.* Madrid, Revista de Filología Española, anexu XLIX.

- ÁLVAREZ, Severiano (1987). *Cousas de aiquí.* Cuevas del Sil. Llión, s.n.

- ÁLVAREZ BARDÓN, Cayetano (1955). *Cuentos en dialecto leonés.* [Ed. Wenceslao Bardón Sabugo]. Astorga, Talleres Tipográficos Cornejo.

- ÁLVAREZ CÁRCAMO, David (2023). *La tradición oral leonesa. El ciclo de la vida.* León, Cátedra de Estudios Leoneses - Universidad de León.

- BARTOLOMÉ PÉREZ, Nicolás (2007). *Filandón. Lliteratura popular llionesa.* Zaragoza, O Limaco Edicions.

- (2008). "Al outru llau de la raya: lliteratura popular oral en Llión y Zamora". *Tierra de Miranda: Revista do Centro de Estudos António Maria Mourinho*, 3, 46-55.

- CORTÉS VÁZQUEZ, Luis (1981). *Leyendas, cuentos y romances de Sanabria*. Salamanca, Edición autor.

  - (1995). *Refranero geográfico zamorano*. Zamora, Diputación Provincial de Zamora.

- DÍAS, Jorge (1953). *Rio de Onor. Comunitarismo agro-pastoril*. Porto, Instituto de Alta Cultura – Centro de Estudos de Etnologia Peninsular.

- ESPINOSA, Aurelio M. (1946). *Cuentos populares españole*s. Madrid, CSIC – Instituto Antonio de Nebrija.

- FONTEBOA LÓPEZ, Alicia (1992). *Literatura de tradición oral en El Bierzo*. León, Diputación Provincial de León.

- GONZÁLEZ FERNÁNDEZ, Eva (2011). *Pequena enciclopedia de nós*. Viḷḷablinu, Asociación Club Xeitu.

- GONZÁLEZ FERNÁNDEZ, Eva & GONZÁLEZ-QUEVEDO, Roberto (1982). *Bitsarón. Cousas pa nenus ya pa grandes na nuesa tsingua*. Uviéu, Edición autores.

- GONZÁLEZ-QUEVEDO, Roberto (1994). "Xuegos de nenos. Cultures". *Revista Asturiana de Cultura*, 4, 193-213.

- KRÜGER, Fritz (1923). *El dialecto de San Ciprián de Sanabria. Monografía leonesa.* Madrid, Revista de Filología Española [Anejo IV].

- MARENTES, Carmen [et al.] (1987). *A Xeito: música y bailes de la montaña occidental astur-leonesa.* León, Celarayn.

- RODRÍGUEZ HIDALGO, Paulino (1982). *Cosas de Babia.* Oviedo, s.n.

La cuitada de mia madre,
madre del miu corazón,
piensa qu'estói na mia cama
y estói no filandón.

Por nacer filandrera
nun me repares, galán,
que soi buena filantrona
y nun paro de filar.